Salmos para tiempos difíciles

Un recurso para personas que están
pasando por enfermedad
o cirugía

Robert M. Gullberg, M.D.

Como médico cristiano, el doctor Robert Gullberg tiene un corazón tierno y compasivo para sus pacientes. El esta consiente de los temores que frecuentemente experimentan ellos. Los Salmos para tiempos difíciles, el doctor Bob usa el libro de los Salmos para ayudar a las personas a enfocarse en el Señor y recibir consuelo, ánimo y esperanza del Gran Doctor nuestro Señor Jesucristo .

Rev. John W. Schindler
Cantante del Evangelio y Evangelista
John Schindler Ministries
Stevensville, MI.

Es comprobado que la oración es un recurso en tiempos de dificultades. Sin embargo, cuando estamos experimentando dolor es muy difícil encontrar palabras para expresar nuestras luchas. Mi querido amigo Dr. Robert Gullberg ha provisto una excelente receta de oraciones para ayudarnos en tiempos de necesidad. Yo recomiendo mucho este libro.

Rev. Dr. Rusty Hayes
Pastor Maestro, Iglesia Nueva Vida
Colorado Spring, CO.

Written por Robert M. Gullberg, M.D.

¿Por qué leer los salmos?

Muchas personas pueden preguntarse: "¿Cómo el leer algunos Salmos puede ayudarme cuando estoy pasando por enfermedad o cirugía?" Para responder esta pregunta, debemos entender primero que la mayoría de los Salmos son oraciones a Dios. La Biblia nos enseña que Dios presta tanta atención a la persona que ora, como las palabras que se leen, meditan o hablan. Dios quiere tener una relación íntima con usted , su hijo adoptivo. Él quiere guiarlo y consolarlo a medida que atraviesa por momentos difíciles, así como responder a sus oraciones. Jesús nos enseña en **Juan 16:24**: "Hasta ahora no has pedido nada en mi nombre. Pide y recibirás, para que vuestro gozo sea cumplido ". Una de las cosas más emocionantes de la vida cristiana es que cuando oramos, Dios nos escucha. Él se deleita cuando acudimos a él con nuestras peticiones y preocupaciones. ¿Quiere paz, fuerza y consuelo? Entonces, busque a Dios a través de la oración. Este folleto contiene recetas de Dios para usted que viene del libro de los Salmos, el cual se encuentra en la mitad de la Biblia.

Dios es tu refugio y fuerza; él es una ayuda siempre presente en problemas.

Salmo 46: 1

*Dios es nuestro amparo y fortaleza, nuestro pronto auxilio en las tribulaciones.

Dios conoce tus preocupaciones

Hay muchas cosas de las que se puede preocupar en este momento. Sabe que la preocupación no le ayuda de ninguna manera, pero aún así lo hace. Gran parte de lo que le preocupa es una emoción exagerada en respuesta a algo que nunca sucede. Por ejemplo, estás tratando de dormir, y tras que se acuesta está dando vueltas y no puede sentirse cómodo. Se da cuenta de que está reproduciendo el mismo escenario en su cabeza. Alguna visión de ayer o de mañana, de lo que podría suceder, de cómo podría desvanecerse una esperanza. Si ha tenido esta experiencia, no está solo. La salud es lo primero de lo que nos preocupamos, aunque la mayor parte del tiempo no la controlamos.

Cuando la muerte de Jesús se acercaba, sabía que sus discípulos necesitarían ayuda debido a que se preocuparian por el hecho de que él no estaría con ellos. Para animarlos, Jesús dijo que les enviaría el Espíritu Santo para recordarles lo que les había enseñado (lea **Juan 14: 26-27**). "Paz os dejo; mi paz os doy; yo no os la doy como el mundo la da. No se turbe vuestro corazón, ni tenga miedo".

Si. Puede descansar en la bondad y fidelidad de Dios en lugar de preocuparse. A medida que se fortalece en Él, puede escucharlo decir: "Está bien, puedes quedarte tranquilo y confiar en Mi".

La Receta: Dios quiere que sepa que puede encontrar paz mental solo en El; es autor de la paz, y solo Él puede darle paz que sobrepasa todo entendimiento. Aprenda a IR A DIOS PRIMERO con todas sus preocupaciones y problemas.

1. ¿En quién puede confiar con todos los problemas de su vida? Ningún ser humano puede proporcionar esto. Solo Dios es digno de esta clase de confianza.

Salmos 40: 3b-4a Muchos verán y temerán (tendrán temor) y confiarán en el Señor. Bienaventurada la persona que hace del Señor su confianza.

2. Preocuparse por el futuro le impedirá disfrutar el dia de hoy. Puede que enfrente situaciones difíciles. Su futuro está en las manos de Dios. Él le ayudará y le guiará en su caminar. Levante sus ojos a Él.

Salmo 143: 8 Hazme oír por la mañana tu misericordia, porque en ti he confiado. Muéstrame el camino que debo seguir, porque a ti levanto mi alma.

3. Respecto a la situación difícil que está enfrentado, el preocuparse le causará más perjuicio para su salud que beneficio. Es importante estar consciente de esta realidad. Dios continuará preservando su vida.

Salmo 119: 50 Mi consuelo en mi sufrimiento es este; Tus promesas preservan mi vida.

4. La preocupación muestra una falta de fe en Dios. Busca aumentar tu fe. Escoge confiar en Dios.

Salmo 40:16 Gócense y alégrense en ti todos los que te buscan, y digan siempre los que aman tu salvación: "¡El Señor sea enaltecido!"

5. Vive un día a la vez con Dios guiándote. No mires demasiado hacia adelante o hacia atrás.

Salmo 119:105 Lámpara es a mis pies tu palabra, y lumbrera a mi camino. (no se de donde vino este versiculo)

Que las naciones se alegren y canten de alegría, porque tú (Dios) gobiernas a los pueblos con justicia y guías a las naciones de la tierra.

<u>Verso de meditación para la Preocupación:</u>

Salmo 91: 2 Diré yo al Señor: "Él es mi refugio y mi fortaleza, mi Dios, en quien confío".

Dios no cambia

El cambio en su vida puede causar inquietud, nerviosismo, ira y, a veces, desesperación. Esto es especialmente cierto cuando se trata de su salud. Quizás esté luchando contra una enfermedad aguda o crónica, o dolor físico. Es posible que tenga una cirugía delicada y peligrosa. Tal vez tiene dolor físico y emocional por causa de alguna pérdida.

En la Biblia, Salomón escribió sobre los cambios que ocurren en la vida. En **Eclesiastés 3: 1-8**, dice: "Todo tiene su tiempo, y todo lo que se quiere debajo del cielo tiene su hora":

-un tiempo para nacer y un tiempo para morir,
-un tiempo para plantar y un tiempo para desarraigar,
-un tiempo para matar y un tiempo para sanar,
-un tiempo para derribar y un tiempo para construir,

-un tiempo para llorar y un tiempo para reír,
-un tiempo para llorar y un tiempo para bailar,
-un tiempo para esparcir piedras y un tiempo
para juntarlas,
-un tiempo para abrazar y un tiempo para
abstenerse de abrazar,
-un tiempo para buscar y un tiempo para
perder,
-un tiempo para guardar y tiempo para
desechar,
-un tiempo para romper y un tiempo para
reparar,
-un tiempo para callar y un tiempo para hablar,
-un tiempo para amar y un tiempo para odiar,
-Un tiempo para la guerra y un tiempo para la
paz.

Muchas veces parecería que la Biblia pertenece
al mundo antiguo y no al nuestro. Después de
todo, ¿no vivimos en la época de la
computadora / teléfono inteligente? ¿Cómo
puede ayudarnos lo escrito en la Palabra de Dios
ahora? La verdad radica en la naturaleza y el
carácter inmutable de Dios. El nunca cambia.

Solo nuestras circunstancias cambian. Cuando conocemos mejor a Dios, vemos que:

Dios siempre es misericordioso
Dios siempre es sabio
Dios siempre ama
Dios siempre es justo
Dios siempre es muy bueno
Dios siempre es todopoderoso
Dios siempre muestra gracia
Dios siempre habla la verdad absoluta
Dios siempre es omnipresente (esta en todas partes)
Dios siempre es santo
Dios siempre es grandioso y majestuoso
Dios siempre es eterno
Dios siempre lo sabe todo

La Receta: Dios quiere que sepa que cualquier cambio puede ser tratado de manera efectiva si pone a Dios en el asiento del conductor. Aprenda a IR A DIOS PRIMERO, es el autor de paz y que está en control de todo.

1. La presencia de Dios en su vida te ayudará a manejar el cambio. Él es su verdadero y unico guia.

Salmo 48:14 Porque este Dios es Dios nuestro eternamente y para siempre; Él nos guiará aun más allá de la muerte.

2. Dios es nuestra fundamento sólido en medio del cambio. En **Mateo 7: 24-29**, Jesús nos enseña a ser fieles y obedientes a Él, quién es la Roca, para resistir las tormentas de la vida. Sus circunstancias pueden cambiar, pero la validez del amor de Dios por usted no cambia.
Salmos 31: 2-3 Inclina a mí tu oído, líbrame pronto; Sé mi roca de fuerte, y fortaleza para salvarme. Porque tu eres mi roca y mi fortaleza, por tu nombre me guiarás y me encaminaras.

3. Dios nunca cambia y eso es una gran ayuda que nos da seguridad. Él quiere comunicarse con nosotros cuando estamos pasando por cambios en nuestras vidas. El escritor de **Hebreos en 11:12** nos dice que Cristo Jesús es

nuestra única seguridad verdadera en un mundo incierto.

Salmo 88: 9b Te he llamado, oh Señor, cada día; He extendido a ti mis manos.

4. La palabra de Dios; la Biblia, es verdadera y no cambia. Esto es una verdad muy importante que nos da seguridad y firmeza a nuestras vidas.

Salmo 119: 89, 160 Tu palabra, oh Señor, es eterna; se mantiene firme en los cielos.
La suma de tu palabra es verdad, Y eterno es todo juicio de tu justicia.

Escucharé lo que Dios el Señor dirá;
Él promete paz a su pueblo.

Salmo 85: 8

Miedo

"La presencia del miedo no significa que no tenga fe. El miedo visita a todos. Pero haga que su miedo sea un visitante y no un residente ".

- autor Max Lucado

Aunque los tiempos y las situaciones cambian, ahora mismo, es posible que tenga problemas en la vida que pueden generar miedo. Estas circunstancias pueden hacer que cedamos ante la incertidumbre. Dependiendo de la gravedad, la enfermedad o el dolor y lo que no conocemos nos pueden provocar miedo. En la Biblia, aprendemos que Jesucristo está con nosotros cualquiera sea nuestra situación. Es durante estos momentos que podemos alentarnos que nuestro Dios es Emmanuel, que significa "Dios con nosotros". Muchos de nosotros hemos tenido problemas en nuestro pasado que causan recuerdos negativos. Algunos de nosotros estamos incapacitados para ir al futuro por temor a lo que pueda suceder. Debemos aprender a vivir en el presente sabiendo que el Dios creador de todo está a nuestro lado.

Helen Mallicoat (1913-2004) escribió lo siguiente como ejemplo de esta *verdad*:

El pasado me daba tristeza y temía el futuro.
De repente, mi Señor estaba hablando:
"Mi nombre es <u>Yo Soy</u>".
Él hizo una pausa, esperé y luego
continuó.
"Cuando vives en el pasado, con tus errores y
remordimientos, es difícil. Yo no estoy ahí.
Mi nombre no es, Yo fui.
Cuando vives en el futuro, con tus problemas y
temores, es difícil. Yo no estoy ahí.
Mi nombre no es, Yo sere.
Cuando vives en el momento, no es difícil. Estoy
aquí.
Mi nombre es <u>YO SOY</u> ".

<u>**La Receta**</u>: Dios quiere que sepa que con Él puede luchar contra el miedo desde adentro

hacia fuera. Aprenda a IR A DIOS PRIMERO con cualquier temor que tenga.

1. Corrie Ten Boom era cristiana de Holanda que escondió a muchos judíos inocentes de los nazis durante el Holocausto en la Segunda Guerra Mundial. En su libro The Hiding Place (El escondite), ella dijo: "Nunca tengas miedo de confiar un futuro desconocido a un Dios conocido". Dios quiere que confíes en Él por completo.

Salmo 56: 3-4 Cuando tenga miedo, confiaré en ti (Dios). En Dios, cuya palabra alabo, en Dios confío; No tendré miedo. ¿Qué me puede hacer el hombre mortal?

2. La manera de superar la intimidación del miedo es confiar en Dios, quien tiene más fuerza y poder de lo que pueda imaginar. Puede estar seguro de su ayuda si pone su confianza en Él.

Salmos 139: 7-11 ¿A dónde puedo ir de tu Espíritu? ¿Dónde puedo huir de tu presencia? Si yo subo al cielo, tú estás allí; si hago mi cama en las profundidades, ahí estás. Si me levanto en las alas del amanecer, si habitara al otro lado del mar, incluso allí tu mano me guiará, tu mano derecha me sostendrá fuerte.

Salmo 105: 4 Mira al Señor y su fuerza; busca su rostro siempre.

3. No huya del miedo. Reconozca que tiene un problema. Pongalo en las manos de Dios y confíe en que Él trabajará con usted para vencer su temor.

Salmo 55: 1-2 Escucha oh Dios, mi oración, no ignores mi súplica; escúchame y respóndeme. Mis pensamientos me preocupan y estoy angustiado.

4. Solo Jesús puede quitarle el miedo a la muerte. El apóstol Pablo enseña esta verdad en **1 Corintios 15: 54b-55**- "La muerte ha sido tragada por la victoria. ¿Dónde, oh muerte, está tu victoria? ¿Dónde está, oh muerte, tu aguijón?

Sin Dios, somos débiles ante la presencia de la muerte, y es esta quien tiene la última palabra. Solo nuestro Buen Pastor Jesús puede caminar con nosotros a través de este valle sombrío y ponernos a salvo al otro lado.

Salmo 18: 2 El Señor es mi roca, mi fortaleza y mi libertador; Dios mío, fortaleza mía, en Él confiaré; Mi escudo y la fuerza de mi salvación, mi alto refugio.

<u>Verso de meditación para el Miedo:</u>

Salmo 23: 4 Aunque camino por el valle de la sombra de la muerte, no temeré mal alguno, porque tú estás conmigo; tu vara y tu bastón, me consuelan.

Desaliento

"La vida cristiana no es que siempre me vaya bien. Tengo mis momentos de profundo desánimo. Tengo que ir a Dios con lágrimas en los ojos y decir: "Oh Dios, perdóname" o "Oh Dios Ayúdame".

-Billy Graham

Estar enfermo es desalentador. Tener que estar en el hospital o ir a rehabilitación o un hogar de ancianos puede ser difícil. Los hospitales son necesarios, pero nunca se igualara al calor que nos brinda nuestros hogares. Como paciente en un hospital, puede incluso a veces sentirse como un prisionero. Es difícil depender de otros cuando estamos enfermos.

Un problema con el desánimo es que nos hace mirar hacia adentro a nuestras propias deficiencias y debilidades. Comenzamos a perder la esperanza. Esto puede ser tan agotador para nosotros que perdemos nuestra voluntad de continuar.

Si no se trata, el desánimo se convierte en una profunda tristeza y desilusión lo cual se convierte en depresión.

La Receta: Dios quiere que sepa que Él puede venir a rescatarle del desánimo por el cual usted está pasando. Él puede cambiar su corazón. Él conoce su dolor. Él puede darle la fuerza para continuar hacia adelante. Aprenda a IR A DIOS PRIMERO.

1. El desánimo a menudo puede venir por el simple hecho de no saber cómo Dios está trabajando en su vida. Aprenda a confiar en él por completo. El tiene el control. ¡Él sabe lo que está haciendo! Ponga sus problemas en las manos de Dios. Sus situaciones difíciles pueden parecer una montaña frente a usted, pero Dios es quien mueve montañas.

Salmo 20: 7 Algunos confían en carros y otros en caballos, pero yo confío en el nombre del Señor nuestro Dios.

2. Pida a Dios que le ayude a perseverar o continuar. El es el Dios de la persistencia.

Salmo 111: 3 Gloriosas y majestuosas son sus obras, y su justicia permanece para siempre.

3. Descanse lo más que pueda en el Señor mientras enfrenta sus batallas. Ore al Señor por fortaleza y descanse en El.

Salmo 91: 1 El que habita al abrigo del Altísimo morará bajo la sombra del Omnipotente.

4. Dios puede eliminar su debilidad cardíaca y darle fuerzas para seguir adelante.

Salmo 46:1 Dios es nuestro refugio y fortaleza, nuestro pronto auxilio en las tribulaciones.

5. Cuando está desanimado, busque ánimo y fortaleza en las promesas de Dios y su poder. Mire afuera de sí mismo y sea fuerte en el Señor Dios todopoderoso. Fortalezca su fe en El.

Salmo 89:13 El brazo de Dios está dotado de poder; su mano es fuerte, exaltada es su mano derecha.

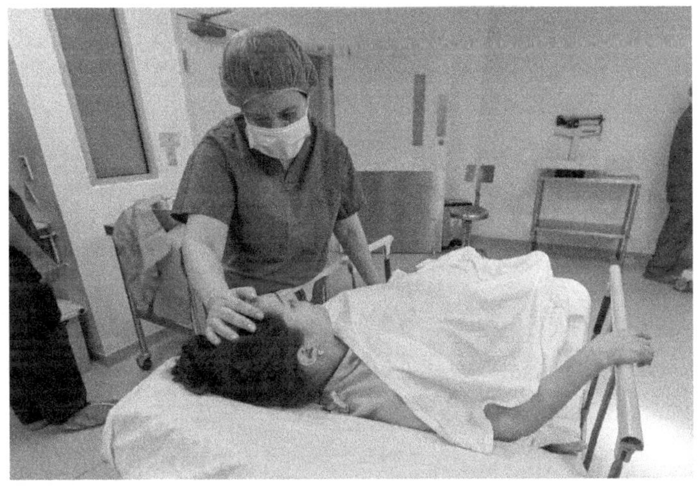

Versículo de meditación para el Desánimo:

Salmo 86: 2 Guarda mi vida, porque estoy dedicado a ti. Eres mi Dios; salva a tu sirviente que confía en ti.

Soledad

"La soledad y el sentir de no ser deseado es la pobreza más grande".

- Madre Teresa, ex misionera.
a los pobres en Calcuta, India

Somos criaturas creadas para ser sociables e interactivas. Eso significa que nos relacionamos unos con otros; nos necesitamos el uno al otro; y "nadie puede ser una isla". Tenemos deseos de amor, aceptación, pertenencia, compañía, amistad con los demás y con Dios.

Cuando está enfermo o tiene enfermedades, puede sentirse solo. No puede participar en las actividades normales de la vida a las que está acostumbrado. Puede haber muchas horas solitarias en medio del dolor o rehabilitación, especialmente si ha tenido una cirugía delicada.

La soledad puede ser tan dolorosa como la enfermedad.

Jesús, en el momento más difícil de su vida, fue abandonado por sus mejores amigos; sus discípulos. El anhelaba el apoyo de ellos, mientras oraba en el Jardín de Getsemaní (lea **Mateo 26: 36-46)**. Él dijo: "Mi alma está muy triste, incluso hasta la muerte". ¿Qué hicieron sus amigos cercanos? Ellos se durmieron. Jesús entiende totalmente su soledad. Él sabe lo que es estar solo y puede consolar su corazón.

Nunca tiene que estar solo. Dios está con usted a su lado. Dios le ayuda en sus tiempos de soledad. Él le cuida. El nunca le deja. Jesús nos dice en **Juan 14:16** que su Espíritu estaría con nosotros para siempre.

La Receta: Dios quiere que sepa que le dará un apoyo y consuelo cuando pase por momentos de soledad. Aprenda a IR A DIOS PRIMERO durante sus tiempos de soledad, y él hará brillar su situación como el amanecer de la mañana.

1. Dios entiende el dolor de la soledad. Quiere que lo conozca como su amigo íntimo. Con él siendo su amigo, nunca estará solo.

Salmo 73:23 Sin embargo, siempre estoy contigo; me sostienes de la mano derecha

Salmo 147: 5 Grande es el Señor nuestro y de mucho poder; Y su entendimiento no tiene límite.

2. Dios le rescatará de su soledad.

Salmos 91: 14-16 El Señor dice: "Por cuanto en mí ha puesto su amor, yo también lo libraré; Le pondré en alto, por cuanto ha conocido mi nombre. Me invocará, y yo le responderé; con él estaré yo en la angustia; Lo libraré y le glorificaré. Lo saciaré de larga vida, Y le mostraré mi salvación".

3. Dios quiere que tenga gozo aun cuando esté experimentando soledad.

Salmo 86: 4 Trae gozo a tu siervo, porque a ti, oh Señor, levanto mi alma.

4. Dios quiere traer consuelo en medio de su soledad. Él desea que lo alabe sin importar sus circunstancias.

Salmo 119: 76 Que tu amor inagotable sea mi consuelo, de acuerdo con lo que prometiste a tu siervo.

Salmo 68: 5-6 Padre de huérfanos y defensor de viudas, es Dios en su santa morada. Dios hace habitar en familias a los desamparados; saca a los cautivos a prosperidad.

5. Dios le sostendrá durante sus tiempos de soledad. No se dé por vencido. No se pierda en medio de sus circunstancias, mire a El.

Salmos 51: 10-12 Crea en mí un corazón puro, oh Dios, y renueva un espíritu firme dentro de mí. No me eches de tu presencia ni me quites tu

Espíritu Santo. Devuélveme el gozo de tu salvación, y espíritu noble me sustente.

Versículo de meditación para la Soledad:

Salmo 31:24: Ten valor, y Él fortalecerá tu corazón, el Señor hará esto a todos los que esperan en El.

Enfermedad y Tristeza

La enfermedad es a menudo una de las pruebas más humillantes que puede atravesar: desde las plantas de los pies hasta la coronilla somos susceptible a la enfermedad. ¿Quién puede contar las numerosas dolencias que nos pueden acosar? A veces, la enfermedad puede ser tan grave que nos quita el deseo de vivir.

Los efectos secundarios de la enfermedad y el dolor grave pueden revelar su miseria, desesperanza y angustia. Es una verdadera prueba de resistencia. Correr un maratón de 26 millas es nada en comparación a la lucha contra el cáncer o alguna otra condición médica crónica grave.

Cuando Dios nos consuela, ¡nuestros problemas no siempre desaparecen! Si esto fuera siempre así, las personas recurrirían al Señor solo por el deseo de ser liberadas del dolor y no por amor a Él. Estar consolado puede significar recibir ánimo y esperanza para lidiar con sus problemas.

Puede experimentar una aflicción que siente que es interminable, situaciones desesperantes o una espera que parece insoportable. Puede soportar momentos en los que las probabilidades se amontonan todas en su contra. Es posible que no experimente la curación que anhela. Pero Dios aún le ama y quiere lo mejor para usted.

La Receta: Dios quiere que sepa que puede tener esperanza, ánimo y consuelo durante su dolor y enfermedad. Aprenda a IR A DIOS PRIMERO cuando tenga una enfermedad o dolor porque Él entiende lo que está pasando.

1. Dios sabe por lo que está pasando. Él entiende sus heridas. Recuerde, Jesús fue crucificado por sus pecados. No le ha abandonado ni le ha olvidado. Él quiere curarle. Cuando tiene una enfermedad o dolor, puede provocar frustración

porque siente que ha perdido el control de lo que está sucediendo en su vida.

Salmo 6: 2 Ten piedad de mí, Señor, porque soy débil; Oh Señor, cúrame, porque mis huesos están en agonía. Mi alma está angustiada. ¿Cuánto tiempo, oh Señor, cuánto tiempo?

Salmo 147: 3 Dios sana a los quebrantados de corazón y venda sus heridas.

2. Jesús, el Hijo de Dios, padeció un gran sufrimiento por usted. Y es Cristo Jesús quien viene a fortalecer y consolar su corazón en tiempos difíciles.

Salmos 59: 16-17 Pero yo cantaré de tu poder, Y alabaré de mañana tu misericordia;
Porque has sido mi amparo
Y refugio en el dia de mi angustia.
Fortaleza mía, a ti cantaré;
Porque eres, oh Dios, mi refugio, el Dios de mi misericordia.

3. Dios está cerca de usted cuando está pasando por enfermedad y dolor.

Salmo 34:18 Cercano está el Señor a los quebrantados de corazón; Y salva a los contritos de espíritu.

4. Es cierto que Dios no siempre previene la enfermedad y el dolor en sus hijos. Es a través de los sufrimientos de Cristo Jesús , no los nuestros, que hemos sido perdonados y tenemos paz y amistad con Dios. Él usa incluso nuestro dolor y sufrimiento para nuestro bien supremo.

Salmos 9: 9-10 El Señor será refugio del pobre, refugio para el tiempo de angustia.
En ti Señor confiarán los que conocen tu nombre, por cuanto tú, oh Señor, no desamparaste a los que te buscaron.

5. Usted puede olvidar sus años de buena salud después de unos días de enfermedad. Es posible que olvide sus años de libertad después de unos días de estar en el hospital. El agradecimiento

desaparece junto con la disminución de la fuerza. Aprenda a esperar en el Señor durante su tiempo difícil.

Salmo 34: 1-3 Bendeciré al Señor en todo tiempo. Su alabanza estará de continuo en mi boca. En el Señor se gloriara mi alma;
Lo oirán los mansos, y se alegrarán.
Engrandeced al Señor conmigo, Y exaltemos a una su nombre.

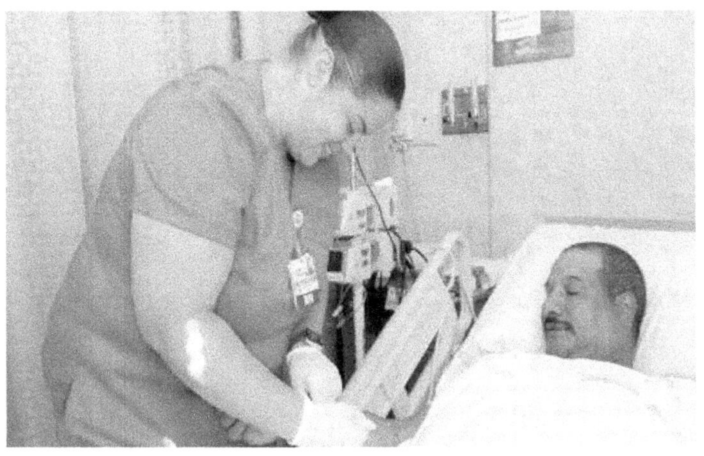

<u>Versículo de memoria para la Enfermedad:</u>

Salmo 40: 1 Llamé al Señor, y él me escuchó. Escuchó mis gritos. Me levantó de ese lugar fangoso.

Orando a Dios

Orar a Dios a veces puede parecer misterioso. Después de todo, somos personas imperfectas y finitas que hablan con un Dios infinitamente perfecto. Pero Jesucristo nos enseñó a orar al Padre en Mateo 6: 5-13 (El Padre nuestro),

Padre nuestro que estás en los cielos, Santificado sea tu nombre. Venga tu reino. Hágase tu voluntad, como en el cielo, así también en la tierra.
El pan nuestro de cada dia, danoslo hoy.
Y perdónanos nuestras deudas, como también nosotros perdonamos a nuestros deudores. Y no nos metas en tentación, mas líbranos del mal; porque tuyo es el reino, y el poder, y la gloria, por todos los siglos, Amén.

Porque el Señor quiere tener una relación personal con nosotros y mostrarnos que él tiene el control de nuestras vidas. La oración es un privilegio muy valioso. Si se humilla ante él y ora con confianza, El le va a escuchar. Con expectativa espere la respuesta del Señor.

La oración significa realmente que Dios nos está cambiando. A través de nuestras oraciones, aprendemos a someternos a la voluntad de Dios con paciencia. Dios es el mejor juez de lo que es eternamente correcto y justo para nosotros, pero a menudo es difícil de entender en ese momento.

 A veces puede sentirse demasiado enfermo o cansado para elevar su corazón a Dios. Entonces es bueno saber que otros están levantando sus cargas al Señor. Haga que sus amigos, familiares y otros seres queridos oren por usted. Qué gran confianza nos da el saber que otros nos apoyan en oración. Y es más aún animador saber que Jesús ora por nosotros y que Él conoce nuestras necesidades mejor que nosotros mismos. Lleve su preocupación a Dios en lugar de Facebook o las redes sociales.

<u>La Receta</u>: APRENDA A IR A DIOS PRIMERO en sus oraciones. Él está escuchando. Él quiere ayudarle con la sanidad y el consuelo.

1. Su amor por usted no cambia aunque esté enfermo.

Salmo 66:20 ¡Alabado sea Dios! No se apartó de mí; escuchó mi oración. Él continúa mostrándome su amor.

2. Dios no le ignora.

Salmo 17: 6 Te invoco, oh Dios, porque me responderás; escúchame y escucha mi oración.

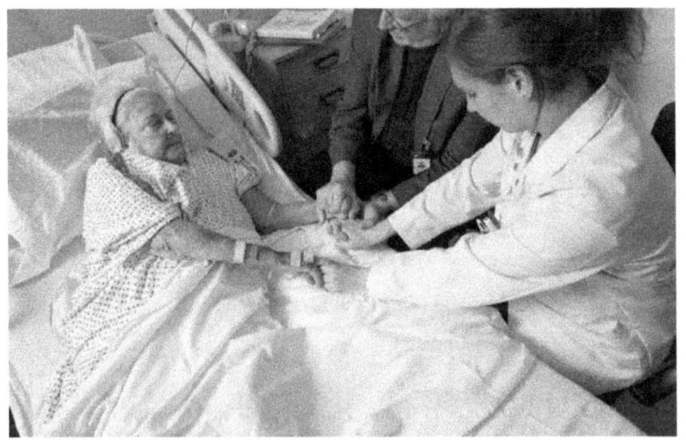

Versículo de meditación para la oración

Salmo 4:1 Respondeme cuando clamo, oh Dios de mi justicia. Cuando estaba en angustia, Tu me distes alivio; Ten misericordia de mi, y oye mi oración

A veces estamos tan enfermos que parece difícil orar a Dios. Aquí es cuando nuestros amigos pueden ayudarnos a enfocarnos en el Gran Médico.

Salmos para usted

Lo que puede aprender de Dios

Tener una enfermedad o dolor es difícil, pero no hay duda de que se puede aprender de estas experiencias. Es posible que haya olvidado lo mucho que necesita de Dios. Cuando esté enfermo, trate de enfocarse en Dios; pasando tiempo con Él. Él tiene el control de todo, ¡por todo lo que está pasando!

Salmos 135: 5-7 Porque yo sé que el Señor es grande. Todo lo que el Señor quiere lo hace, en los cielos y en la tierra, en los mares y en todas sus profundidades. Él hace que se levanten nubes desde los confines de la tierra; envía rayos con la lluvia y saca el viento de sus almacenes.

Dios entiende su problema

Él conoce sus heridas y temores y no se ha olvidado de usted. Se especializa en consolar a los afligidos. Él quiere llevar sus cargas. Él quiere darle su fortaleza. Es Jesús a través de su Espíritu que viene a consolarlo en sus problemas.

Salmo 18: 31-32a Porque, ¿quién es Dios sino solo el Señor? ¿Y qué roca hay fuera de nuestro Dios? Dios es el que me ciñe de poder.

Confianza en Dios

Dios nunca le fallará ni le dejará. Él ha prometido nunca abandonarlo. Nunca se cansará de escucharle. Él quiere que confíe en Él por completo.

Salmo 28: 7 El Señor es mi fortaleza y mi escudo; en Él confió mi corazón, y fui ayudado, por lo que se gozó mi corazón, y con mi cántico le alabaré.

Dele gracias a Dios

No olvidar de agradecer a Dios especialmente cuando su salud esté en peligro. Dios no le ha abandonado. Él quiere lo mejor para usted aunque no lo pueda entender en ese momento.

Salmos 9: 1-2 Te alabaré, Señor, con todo mi corazón; contaré todas tus maravillas. Me alegraré y me regocijaré en ti; Cantaré alabanzas a tu nombre, oh Altísimo.

Salmo 28: 7 El Señor es mi fortaleza y mi escudo; en Él confió mi corazón y fui ayudado. Por lo que se gozó mi corazón, y con mi cántico le alabaré.

Dios le da esperanza

Con Dios siempre hay esperanza. Su misericordia y bondad nunca nos falta. Nunca le sucederá nada que esté más allá del control de Dios. Él sabe todos los cabellos de su cabeza. Esto le puede dar una gran esperanza cuando vengan tiempos difíciles a su vida.

Salmos 146: 5-6 Bienaventurada la persona cuya ayuda es Dios y cuya esperanza está en el Señor su Dios, el Hacedor del cielo y la tierra, el mar y todo lo que hay en ellos: el Señor, que permanece siempre fiel.

Dios le da consuelo

Si pertenece a Jesús, pase lo que pase, puede tener la paz que solo él puede darle. Él quiere tener íntima comunión con usted, ¡qué consuelo! Hable con Dios regularmente.

Salmo 116: 5 El Señor es misericordioso y justo; Nuestro Dios está lleno de compasión.

Salmo 119: 77 Deja que tu compasión venga a mí para que yo pueda vivir, porque tu ley es mi deleite.

Salmo 119: 156 Muchas son tus misericordias, oh Señor; preserva mi vida de acuerdo a tus leyes.

Dios le sana

A veces, Dios provee sanidad a través de medicamentos, cirugía o algún otro tratamiento. Otras veces El sana a través de la oración. Cualquiera sea la manera de mejorar la salud, es importante reconocer que Dios es el Gran Médico. Él tiene el control de todo; sean médicos o medicamentos.

¡Recuerde agradecer al Gran Doctor!

Salmo 31: 9, 14-15 "Ten piedad de mí, Señor, porque estoy angustiado; sean consumido mis ojos de tristeza, mi alma y mi cuerpo de dolor ". "Mas yo en ti confío oh Señor; Yo digo: "Tú eres mi Dios". En tu mano están mis tiempos."

Salmo 147: 3 "Él sana a los quebrantados de corazón y venda sus heridas".

Salmo 107: 19-20 "Entonces clamaron al Señor en su angustia, y él los libró de sus aflicciones. Envió su palabra y los sanó ".

Salmo 73:26 "Mi carne y mi corazón desfallecen; mas la roca de mi corazón y mi porción es Dios para siempre".

Salmo 16: 1-2 "Presérvame, oh Dios, porque en ti me refugio. Yo le digo al Señor:, Tú eres mi Señor; No hay para mí bien fuera de ti."

Plan de Renovación de Dios

Para los que ya son hijos de Dios, su corazón puede descansar en El a pesar de sus dificultades que están enfrentando. Otros que no han recibido el don de la fe que Dios ha ofrecido o aquellos que se alejaron de Dios. No importa, hay buenas noticias para usted. Dios no ha terminado con usted, Él le sigue persiguiendo a usted.

Con su creación, Dios nunca se da por vencido. Él elige amar a su gente, porque hemos sido creados a su imagen. Su deseo es que todos podamos vivir para siempre en la eternidad con Él. Él quiere adoptarlo como su hijo. Eso puede comenzar ahora mismo.

Esto es lo que Dios quiere hacer por usted: Él quiere darle propósito a su vida.

Reconciliarlo: Reconciliar significa "restaurar una amistad". Dios quiere tener una relación; una amistad personala con usted. Él sabe que su inclinación natural es hacia lo malo, hacer las cosas a su manera y olvidarse de Él. Pablo nos dice en **2 Corintios 5:18** que Dios inicia la reconciliación entre usted y Él a través de la fe en Jesucristo.

<u>Redimirlo</u>: Redimir significa cambiar para bien. Todos hemos hecho maldad a otros o a Dios por el pecado. Los

pecados que hemos cometido son el orgullo, la envidia, la ira, la pereza, la codicia, la gula y la lujuria -solo para nombrar algunos. Él quiere cancelar esas deudas suyas y perdonarle. Esto se puede hacer por fe en Jesucristo y lo que hizo por usted en la cruz. Jesús canceló sus deudas al ser crucificado por sus pecados.

Restaurarlo: Restaurar significa hacerse "como nuevo". Dios quiere hacerle una nueva persona por dentro. La persona "vieja" está espiritualmente muerta. La nueva persona está espiritualmente viva gracias a Cristo por su Espíritu.

Regenerarle: Regenerar significa "recibir una nueva fuerza". Puede comenzar a vivir para Cristo ahora mismo. El espíritu de Dios tiene el poder de darle amor, gozo, paz, paciencia, amabilidad, bondad, fidelidad, gentileza y dominio propio.

Resucitarle: Resucitar significa resucitar de entre los muertos. Esta es la piedra angular de la fe cristiana. El hecho de que Dios, a través de su poderoso poder, pueda conquistar la muerte y resucitarle de entre los muertos le da esperanza eterna. ¿Por qué no aceptar el don de la fe en Jesucristo y así vivir para siempre con Dios?

El mensaje en el evangelio de Juan dice esto:

Juan 1: 10-12 "Jesucristo estaba en el mundo, y aunque el mundo fue hecho por él, el mundo no le conoció. A los suyos vino, y los suyos no le reconocieron. Mas a todos los que lo recibieron, a los que creen en su nombre, les dio el derecho de ser hechos hijos de Dios ".

Juan 3: 16-17 "Porque Dios amó tanto al mundo que dio a su Hijo unigénito, para que todo el que cree en él no perezca, sino que tenga vida eterna. Porque Dios no envió a su Hijo al mundo para condenar al mundo, sino para el mundo sea salvo por El ".

El apóstol Pablo en la carta a los efesios, que está en el Nuevo Testamento dijo esto: "Porque por gracia ustedes han visto salvados (para vivir con Dios en la eternidad), a través de la fe, y esto no de ustedes mismos, es un regalo de Dios, no por obras, para que nadie pueda presumir ".
(Efesios 2: 8-9)

Durante este tiempo de enfermedad, rehabilitación, cirugía o dolor, enfóquese en Dios, el Gran Médico a través de la oración. Su amor, fidelidad, compasión y misericordia del Señor nunca le fallará.

Póngase en contacto con la persona que le dio este folleto si necesita más ayuda para aprender a vivir y caminar con Dios.

Salmos para tiempos difíciles

Jesús es **El Gran Médico**. Aunque es posible que no lo sepa, él controla las manos de todos sus proveedores de atención médica.

A CERCA DEL AUTOR

El Doctor Roberto Gullberg es Especialista en Medicina Interna que por 30 años lo viene practicando. El nació en Park Ridge, Illinois. Su papá fue Dentista de profesión y trabajó por 40 años, mucho de su tiempo él se dedicó a ayudar como voluntario en la misión "Pacific Garden Mission "en Chicago, Illinois.

Los padres y hermanos Jim, Lin, y Laurie del Doctor Roberto, han sido creyentes que le animaron mucho en su fe cristiana.
Su caminar con el Señor comenzó cuando él tenía 13 años en la iglesia Northwest Covenant, en Mt. Prospect, Illinois.

Desde entonces el Doctor Roberto ha estado guiando estudios Bíblicos en temas muy variados; desde Génesis hasta Apocalipsis. Estos estudios Bíblicos lo viene haciendo por 40 años, en una iglesia evangélica en la ciudad de Racine, Wisconsin.

El Doctor viene practicando la Medicina Interna por muchos años, el se a mantenido muy ocupado atendiendo a miles de pacientes. En varias ocasiones él pudo ver como Dios a hecho milagros en sus pacientes.

Una de sus metas en la vida, es conocer la Biblia muy bien así como conoce la medicina. El espera que la meta de usted sea parecida; la de conocer el corazón de Dios por medio de las escrituras.
Saber los Salmos le ayudará a conocer a Dios y con Él va a poder enfrentar situaciones difíciles.

El doctor Roberto tiene cuatro hijos, ya adultos. El vive en Wisconsin con su esposa Janet.